CELEBRAÇÕES

CB066049

CÓPIA NÃO AUTORIZADA É CRIME
ABDR
ASSOCIAÇÃO BRASILEIRA DE DIREITOS REPROGRÁFICOS
RESPEITE O DIREITO AUTORAL

CELEBRAÇÕES

PARA:

Assistência aos doentes,
Assistência aos agonizantes,
Sentinelas (velórios),
Ultima encomendação,
Enterro,
Visita ao cemitério

Equipe de Pastoral da Diocese
de Oeiras (Piauí)

Oeiras
Diocese de Oeiras

EDITORA
VOZES

Petrópolis

© 1975, Editora Vozes Ltda.
Rua Frei Luís, 100
25689-900 Petrópolis, RJ
www.vozes.com.br
Brasil

28ª edição, 2015

Todos os direitos reservados. Nenhuma parte desta obra poderá ser reproduzida ou transmitida por qualquer forma e/ou quaisquer meios (eletrônico ou mecânico, incluindo fotocópia e gravação) ou arquivada em qualquer sistema ou banco de dados sem permissão escrita da editora.

IMPRIMATUR
Aprovo
Oeiras, 25 de outubro de 1974
† Ediberto Dinkelborg
Bispo de Oeiras

Diretor Editorial
Frei Antônio Moser

Editores
Aline dos Santos Carneiro
José Maria da Silva
Lídio Peretti
Marilac Loraine Oleniki

Secretário Executivo
João Batista Kreuch

Projeto gráfico: AG.SR Desenv. Gráfico
Capa: Juliana Batel

ISBN 978-85-326-0578-8

Editado conforme o novo acordo ortográfico.

Este livro foi composto e impresso pela Editora Vozes Ltda.

SUMÁRIO

Assistência aos doentes e velhos

Orientações Gerais: O cristão faça visitas frequentes, mas curtas, aos doentes e velhos, procurando interessar-se por eles, atendendo, o quanto possível, às suas necessidades. Agindo assim, merecerá o louvor de Cristo no Último Juízo: "Era doente e me visitastes" (Mt 25,36). Se possível, celebre-se também a Palavra de Deus para confortar o doente, aumentando nele a fé e a confiança em Deus, pois é na hora do sofrimento que a gente precisa da ajuda dos irmãos e da presença de Deus.

Como proceder: Visto que o doente ou velho não pode mais participar das orações e celebrações em comunidade, pergunta-se ao mesmo se aceita que os irmãos na fé celebrem a Palavra de Deus e façam orações com ele e por ele. Se o doente concordar, pode-se fazer a celebração conforme segue abaixo. Estas celebrações e orações podem ser feitas por uma só pessoa (mesmo da própria família) ou por um pequeno grupo de irmãos. Conforme as circunstâncias, pode-se cantar no início e no fim.

I. CELEBRAÇÃO DA PALAVRA DE DEUS NA CASA DE UM DOENTE OU VELHO

1. (INTRODUÇÃO)

Comentarista – O Sr. (a Sra.) está preso (presa) à casa e não pode mais participar das orações e celebrações na Igreja (Comunidade). Com a nossa presença de irmãos, queremos confortá-lo (confortá-la). Na hora do sofrimento precisamos ter mais fé e confiança em Deus. Vamos, aqui mesmo em casa, ouvir a Palavra de Deus e rezar com o Sr. e pelo Sr. (com a Sra. e pela Sra.).

2. (ORAÇÃO INICIAL)

Dirigente – Façamos antes uma pequena oração.
Ó Jesus, que dissestes: "Onde dois ou três estiverem reunidos em meu nome. Eu estarei no meio deles", vinde, ó Jesus, e ficai conosco; fazei-nos entender, amar e viver a Vossa Palavra.

3. (LEITURA DA SAGRADA ESCRITURA)
(Mt 26,36-46)

Comentarista – Ouçamos agora a Palavra de Deus que sempre nos conforta e orienta.

Dirigente – Terminada a última Ceia, retirou-se Jesus com os Apóstolos para o Horto das Oliveiras e disse-lhes: "Assentai-vos aqui, enquanto Eu vou ali orar". E tomando consigo Pedro, Tiago e João, começou a entristecer-se e a angustiar-se. Disse-lhes então: "Minha alma está triste até a morte. Ficai aqui e vigiai comigo". Adiantou-se um pouco e, prostrando-se com a face por terra, assim rezou: "Meu Pai, se é possível, afasta de mim este cálice. Todavia não se faça o que eu quero, mas, sim, o que tu queres". Foi ter, então, com os discípulos e os encontrou dormindo: e disse a Pedro: "Então, não pudestes vigiar uma hora comigo... Vigiai e orai para que não entreis em tentação. O espírito está pronto, mas a carne é fraca". Afastou-se segunda vez, e orou dizendo: "Meu pai, se não é possível que este cálice passe sem que eu o beba, faça-se a tua vontade". Voltou ainda e os encontrou novamente dormindo, porque seus olhos estavam pesados.

Deixou-os e foi orar pela terceira vez, dizendo as mesmas palavras. Voltou então para os seus discípulos e disse-lhes: "Dormi agora e repousai! Chegou a hora: O Filho do homem vai ser entregue nas mãos dos pecadores... Levantai-vos, vamos! Aquele que me trai está perto daqui".

4. (MEDITAÇÃO)

Comentarista – Meditemos um pouco sobre estas palavras.

Dirigente – *Jesus* é Deus, mas é também homem, e como homem sofre igualmente a nós. Sofreu muito no Horto das Oliveiras. Mais de duas horas demorou essa agonia. Jesus, Deus Filho, o Filho querido, pede ao Pai que afaste o sofrimento. Mas o Pai não lhe atende. Quer o sofrimento para alcançar um bem maior, que é a salvação de todos os homens. Manda apenas um anjo para dar coragem ao Filho (Lc 22,43).

Aplicação para nós: Deus nos pode dar vida longa, pode afastar e curar doenças, mas faça-se, também em nossa vida, a vontade de Deus. Para todos nós chega sempre uma hora de sofrimento e, um dia, a hora da morte.

Peçamos a Deus para termos força na hora do sofrimento, sofrendo em união com Cristo, para reparar os nossos pecados e os de todo mundo.

(OUTRA MEDITAÇÃO) – (Terminada a leitura, o dirigente faz com os participantes uma meditação).

Dirigente – Por que existe o sofrimento no mundo? Deus não pode afastá-lo? Certamente! Ele criou os homens na felicidade do Paraíso! O sofrimento, porém, entrou no mundo por causa do pecado, o pecado de Adão e Eva, os nossos pecados e os do mundo todo. O sofrimento torna-se o meio de salvar os homens. Na sua agonia, Cristo pediu que Deus afastasse o sofrimento. Mas Deus olha o sofrimento de Cristo como meio para salvar todos os homens. Por isso, o Pai não tira o sofrimento. Cristo aceitou a vontade do Pai e sofreu muito.

Também nós podemos pedir ao Pai que afaste o nosso sofrimento, mas se a vontade do Pai é que nós soframos, suportemos as dores conformados, em união com Cristo, pela salvação nossa e de todos os homens.

5. (**ORAÇÃO COMUNITÁRIA**)

Dirigente – Rezemos agora com muita confiança ao Pai de todos os homens, como Cristo rezou:

Comentarista – Por todos os batizados, a fim de que, mesmo no sofrimento, sigam a sua vocação cristã, rezemos ao Senhor.

Todos – Senhor, escutai a nossa prece.

Comentarista – Para que em nossa vida de cada dia não esqueçamos a vida eterna, rezemos ao Senhor.

Todos – Senhor, escutai a nossa prece.

Comentarista – Para que os pobres não desesperem, mas encontrem em nós os irmãos que os confortem, rezemos ao Senhor.

Todos – Senhor, escutai a nossa prece.

Comentarista – Para que os agonizantes deste dia sejam confortados por Deus, rezemos ao Senhor.

Todos – Senhor, escutai a nossa prece.

Comentarista – Por nosso irmão(irmã), a fim de que o Senhor o(a) favoreça com o dom da saúde, se for de Sua vontade, rezemos ao Senhor.

Todos – Senhor, escutai a nossa prece.

Comentarista – Para que os mortos repousem na paz eterna, e que, um dia, nós os reencontremos na alegria, rezemos ao Senhor.

Todos – Senhor, escutai a nossa prece.
(Podem-se acrescentar preces particulares).

6. (ORAÇÃO FINAL)

Dirigente – Senhor, Pai Santo, quisestes que a morte do vosso próprio Filho fosse o preço de nossa salvação; concedei-nos que nossa união aos seus sofrimentos nos faça receber também os efeitos de sua Ressurreição. Por nosso Senhor Jesus Cristo, vosso Filho, na unidade do Espírito Santo.

Todos – Amém.

7. (PAI-NOSSO)

Comentarista – Rezemos, agora, confiantes em Deus, como Jesus nos ensinou: Pai Nosso...

8. (AVE-MARIA)

Comentarista – Saudemos também Nossa Senhora, como tantas vezes já o fizemos: Ave Maria...

9. (ATO DE CONTRIÇÃO)

Comentarista – Por fim, contritos e arrependidos, peçamos perdão a Deus dos nossos pecados:

Todos – Confesso a Deus todo-poderoso / e a vós, irmãos, / que pequei muitas vezes / por pensamentos e palavras, / atos e omissões, / por minha culpa, minha tão grande culpa. E peço à Virgem Maria / aos anjos e Santos / e a vós, irmãos, / que rogueis por mim a Deus, Nosso Senhor.

Dirigente – Deus todo-poderoso tenha compaixão de nós, perdoe os nossos pecados e nos conduza à vida eterna.

Todos – Amém.

SE HOUVER MINISTRO DA EUCARISTIA, NESTE MOMENTO, SE DARA A COMUNHÃO, OBEDECENDO AO SEGUINTE RITUAL:

Para a comunhão do doente, haja no quarto uma mesa coberta com uma toalha e duas velas acesas; se possível também o crucifixo.

Ao chegar na casa do doente, o *Ministro da Eucaristia cumprimenta* as pessoas da casa e, em seguida, coloca a bolsa, contendo a teca com a Santa Comunhão, sobre a mesa convidando as pessoas presentes para uma breve adoração. Chegando a hora da Comunhão o *Ministro da Eucaristia* diz: Preparemo-nos, agora, para a Comunhão com um ato de fé na presença de Jesus Cristo na Hóstia Consagrada.

Em seguida abre a bolsa e a teca, genuflete e, de frente para os fiéis, tendo a Hóstia um pouco elevada acima da teca, diz em voz alta: *Felizes os convidados para a Ceia do Senhor! Eis o Cordeiro de Deus, que tira o pecado do mundo.*

Todos – Senhor, eu não sou digno de que entreis em minha morada, mas dizei uma palavra e serei salvo.

Ministro da Eucaristia – Apresenta a Sagrada Comunhão a cada comungante, dizendo em voz alta: O *Corpo de Cristo.*

O comungante responde: *Amém.*

(*Observação:* os familiares ou outras pessoas presentes também podem comungar, se estiverem preparados e assim o quiserem).

Dada a Comunhão, e não havendo mais hóstias consagradas na teca, na própria casa do doente purifique a mesma com um pouco de água que, ou se dê ao doente para beber, ou, depois de algumas horas, despeja-se numa planta.

Comentarista – Estamos convidados para nesse momento nos conservarmos numa atitude de fé, gozando dessa união íntima com Cristo, o qual se dignou alimentar a nossa vida interior, a vida da graça, com o seu próprio corpo.

(Um minuto de silêncio)

O rito se encerra com algum canto ou com a seguinte oração rezada por todos:

Comentarista – Agora vamos rezar, todos em conjunto:

Todos – Ó Jesus, cremos firmemente que estais neste Santíssimo Sacramento. Nós vos adoramos com os anjos e santos e com todos os irmãos na Fé. Nós vos agradecemos a Fé cristã, que nos dá uma vida nova, a vida eterna, que hoje viestes alimentar com a vossa presença. Fazei que jamais nos afastemos de vós, que sois o Caminho que nos conduz ao Pai, a Verdade que nos guia, a Vida que nos faz filhos de Deus. Senhor, permanecei conosco, fortificai a nossa Fé, aumentai a nossa Esperança, e fazei que vos amemos cada vez mais, como também aos nossos irmãos.

Todos – Amém.

10. (DESPEDIDA)

Dirigente – Que Deus nos abençoe, / nos dê a sua paz, / guarde-nos de todo mal / e nos conduza à vida eterna.

Todos – Amém.

Dirigente – Bendigamos ao Senhor.

Todos – Graças a Deus.

II. CELEBRAÇÃO DA PALAVRA DE DEUS NA CASA DE UM DOENTE OU VELHO (OUTRA FÓRMULA)

1. (INTRODUÇÃO)

Comentarista – Na hora do sofrimento, a gente precisa de mais ajuda. Queremos trazer para nosso irmão (ou irmã) N. a ajuda da fé. Pois é nessa hora que a confiança e a fé em Deus são provadas.

2. (ORAÇÃO INICIAL)

Dirigente – Ó Jesus, dai a vossa paz a todos nós, que viemos até aqui para ouvir com fé a vossa palavra e rezar, juntamente com nosso irmão (ou irmã) doente (já idoso). Ensinai-nos, ó Senhor, a vossa mensagem.

3. (LEITURA DA SAGRADA ESCRITURA)
(Jo 19,1-6a e 15b-30)

Comentarista – Ouçamos agora a Palavra de Deus.

Dirigente – Por insistência dos chefes dos Judeus, Pilatos mandou flagelar a Jesus. Os soldados teceram de espinhos uma coroa e puseram-na sobre a cabeça de Jesus e cobriram-no com um manto de púrpura. Aproximaram-se dele e diziam: "Salve, rei dos Judeus!", e davam-lhe bofetadas.

Pilatos saiu outra vez e disse aos Judeus: "Eis que vo-lo trago fora, para que saibais que não acho nele nenhum motivo de acusação". Apareceu então Jesus, trazendo a coroa de espinhos e manto de púrpura. Pilatos disse: "Eis o homem!" Quando os Pontífices e os guardas o viram, gritaram: "Crucificai-o! Crucificai-o!" Ouvindo estas palavras, Pilatos disse aos Judeus: "Hei de crucificar o vosso rei?" Os sumos sacerdotes responderam: "Não temos outro rei senão César!" Entregou-o então a eles para que fosse crucificado.

Levaram então consigo a Jesus, Ele próprio carregava a sua cruz para fora da cidade, em direção ao lugar chamado Calvário, em hebraico Gólgota. Ali o crucificaram e com ele outros dois, um de cada lado, e Jesus no meio. Pilatos redigiu também uma inscrição e a fixou por cima da cruz. Nela estava escrito: "Jesus de Nazaré, rei dos Judeus". Muitos dos Judeus leram esta inscrição, porque Jesus foi crucificado perto da cidade (de Jerusalém) e a inscrição era redigida em hebraico, em latim e em grego. Os sumos sacerdotes dos Judeus disseram a Pilatos: "Não escrevas: Rei dos Judeus, mas sim: Este homem disse ser o Rei dos Judeus". Respondeu Pilatos: "O que escrevi, escrevi". Depois de os soldados crucificarem Jesus, tomaram as suas vestes e fizeram delas quatro partes, uma para cada soldado. A túnica, porém, toda tecida de alto a baixo, não tinha costura. Disseram, pois, uns aos outros: "Não a rasguemos, mas deitemos sorte sobre ela, para ver de quem será". Assim se cumpria a Escritura: "Repartiram entre si as minhas vestes e deitaram sorte sobre a minha túnica" (Sl 21,19). Isto fizeram os soldados.

Junto à cruz de Jesus estavam de pé sua mãe, a irmã de sua mãe, Maria, mulher de Cleófas, e Maria Madalena. Quando Jesus viu sua mãe e perto dela o discípulo que amava (João), disse à sua mãe: "Senhora, eis aí teu filho". Depois disse ao discípulo: "Eis aí tua mãe". E desta hora em diante o discípulo a levou para casa.

Em seguida, sabendo Jesus que tudo estava consumado, para se cumprir plenamente a Escritura, disse: "Tenho sede". Havia ali um vaso cheio de vinagre. Os soldados encheram de vinagre uma esponja e, fixando-a numa vara de hissopo, chegaram-lhe à boca. Havendo Jesus tomado do vinagre, disse: "Tudo está consumado". Inclinou a cabeça e rendeu o espírito.

4. (**MEDITAÇÃO**)

Dirigente – O sofrimento faz parte da vida. Jesus sofreu mais do que nós, e só sofreu por amor de nós, para nos livrar do sofrimento eterno, do inferno. Soframos com Ele, unindo sempre nosso sofrimento, com alegria e conformados, ao de Jesus.

5. (**ORAÇÃO COMUNITÁRIA**)

Dirigente – Rezemos, agora, a Deus, nosso Pai, que ama a seus filhos e jamais despreza sua oração.

Comentarista – Para que todos nós saibamos viver nossa fé, na alegria e no sofrimento, rezemos ao Senhor.

Todos – Senhor, escutai a nossa prece.

Comentarista – Pelos doentes do mundo inteiro, pelos que padecem fome, sede e perseguição, a fim de que o Senhor os ajude a vencer estes sofrimentos, rezemos ao Senhor.

Todos – Senhor, escutai a nossa prece.

Comentarista – Para que, diante dos que sofrem doenças, fome e miséria, aprendamos a verdadeira caridade de Cristo, rezemos ao Senhor.

Todos – Senhor, escutai a nossa prece.

Comentarista – Para que os que estão sós e abandonados sintam o amor de Deus e cheguem um dia à pátria do céu, rezemos ao Senhor.

Todos – Senhor, escutai a nossa prece.

Comentarista – Por nosso irmão(irmã) N., para que, confortado pela graça de Deus, sofra em união com Cristo, rezemos ao Senhor.

Todos – Senhor, escutai a nossa prece.

(Cada pessoa pode acrescentar preces particulares).

6. (**ORAÇÃO FINAL**)

Dirigente – Senhor, vossa sabedoria se manifesta admiravelmente no escândalo da cruz; concedei que saibamos contemplar a glória na paixão de vosso Filho, para que, em sua cruz, ponhamos nossa esperança e nossa confiança. Pelo mesmo Jesus Cristo, Vosso Filho, na unidade do Espírito Santo.

Todos – Amém.

(Ou esta oração final)

Dirigente – Ó Cristo, arrancastes da morte seu poder e nos destes a vida e a imortalidade. Fazei que vivamos sobre a terra como consagrados ao vosso Reino, para alcançarmos a felicidade eterna. Vós que sois Deus, com o Pai, na unidade do Espírito Santo.

Todos – Amém.

Em seguida Pai-Nosso, Ave-Maria, Ato de Contrição e Despedida, como na *I Celebração, número 7 a 10,* p. 12-16.

Conforme o desejo do doente e a disponibilidade dos cristãos (especialmente dos parentes), estas Celebrações e Orações podem-se repetir. As leituras podem variar, juntamente com as meditações, adotando-se, por exemplo, as seguintes:

Mc 2,2-12 – Cura de um paralítico.

Meditação: Para mostrar um poder que não se vê (perdoar pecados), Jesus opera um milagre visível. Para nós, o importante é ter e aumentar a fé em Jesus, e não tanto ficar livre de doenças, pois Jesus não transmitiu o poder de milagres, mas o poder de perdoar os pecados e salvar. Façamos um ato de contrição, pedindo perdão dos pecados e confiança na salvação.

Mc 5,21-43 – A filha de Jairo e a hemorroíssa.

Meditação: Jesus atendeu ao pedido do chefe da sinagoga, para visitar e curar a doente. (Nós devemos ajudar os doentes). A mulher que vinha sofrendo foi curada por causa da fé. "A tua fé te salvou". A jovem tinha morrido, mas Jesus diz que "dorme", porque vai "acordá-la". Nossa morte é um "sono", uma passagem desta vida à outra, que será eterna.

Lc 24,13-35 – Aparição de Jesus aos discípulos de Emaús.

Meditação: "Não tinha o Messias de sofrer essas coisas, e assim entrar na sua glória?" Sofrimento e morte foram o caminho para a glória.

Lc 15,11-32 – Filho pródigo.

Meditação: Em preparação à confissão e ao arrependimento.

Tg 5,13-20 – "Se alguém estiver doente"...

Meditação: Em preparação para a Santa Unção.

Jo 6,35-40 e 53-56 – Sou o Pão da Vida... Se não comerdes...

Meditação: Em preparação para a Santa Comunhão.
Fl 2,5-11 – Sigamos o exemplo de Cristo, que, sendo Deus, humilhou-se fazendo-se obediente até à morte. Jesus foi exaltado; nós o seremos com ele.

Hb 12,2-11 – Exemplo de Jesus Cristo e a correção paternal de Deus.
Rm 8,18-24 – Toda a criação sofre e espera a manifestação dos filhos de Deus.

Tornando-se a doença mais séria ou prolongada, ou a velhice mais alquebrada, deve-se chamar o sacerdote para:
– rezar sobre o doente;
– perdoar os seus pecados pela confissão;
– alimentá-lo com a comunhão;
– confortá-lo pelo sacramento da Santa Unção dos Enfermos.

Como a *Santa Unção* é para ajudar durante a doença, não se deve esperar até a última hora. Por isso, recomenda-se chamar o sacerdote a tempo, especialmente tratando-se de doentes que residam distante. Aproveite-se a ocasião quando o sacerdote estiver em visita às Capelas.

ASSISTÊNCIA AOS AGONIZANTES (ORAÇÃO DA AGONIA)

Orientações Gerais: As condições concretas que cercam a agonia variam, certamente, de doente para doente: enfermidade ou acidente, casa ou hospital, estado de lucidez ou inconsciência, circunstantes: familiares ou médicos e enfermeiras etc, ou a presença de uma única pessoa, tudo concorrerá para criar um quadro concreto onde há de acontecer o ato último e definitivo da vida terrena: morrer.

Este momento, cuja duração não podemos prever exatamente, mas cuja proximidade facilmente adivinhamos, é a hora mais decisiva, sobretudo do ponto de vista cristão. Fazer sentir ao moribundo a presença e a proximidade dos irmãos dá coragem, traz segurança, reconforta. Mas é também o momento de formular, de coração sincero, uma *oração:* emprestar, quem sabe, os lábios e as palavras ao moribundo, para que ele exprima sua fé e sua confiança.

O momento, na verdade, exige e merece um esforço de nossa parte para enfrentar o impacto da morte (há os lamentos e os gritos desesperados tão pouco cristãos e tão descaridosos para com o próprio moribundo!) e procurar atender com carinho e solicitude cristã e fraterna ao irmão que agoniza.

A oração será feita, então, na calma, sem atropelos e sem angústia: Com esta autêntica doçura cristã, teremos feito um supremo ato de caridade, ajudando um irmão nosso a expirar na Paz do Senhor e a passar para o aconchego sereno dos braços do Pai das misericórdias. Qualquer pessoa (de preferência uma que tenha o domínio e a serenidade necessários) poderá conduzir esta *celebração,* que supõe mais pessoas presentes, mas que poderá também ser recitada por uma pessoa, na falta de outros presentes.

(INTRODUÇÃO)

Dirigente – N., estamos aqui ao seu lado para ajudá-lo nesta hora. Vamos olhar com fé para Deus, que conhece toda nossa vida.

(entrega do crucifixo)

(Um dos presentes coloca um crucifixo, caso houver, na mão do doente, e o ajuda a segurá-lo ou coloca-o à vista do doente).

Dirigente – N., tome (olhe) a Santa Cruz. Tenha confiança em Jesus Cristo, que morreu na cruz para nos salvar dos pecados, e ressuscitou dentre os mortos para nos dar a vida eterna.

(entrega da vela acesa)

(Alguém coloca a vela acesa na mão do moribundo e continua, num gesto humano e de caridade cristã, segurando a mão do agonizante ou coloca-a ao lado do crucifixo).

Dirigente – N., tenha confiança em Deus. Receba esta vela acesa, como a recebeu no dia do batismo. A vela acesa é um sinal de sua fé, fé que guardou no seu coração e que lhe assegurava a vida eterna.

Dirigente – Tantas vezes em nossa vida fizemos o mal que nós não queríamos e deixamos de fazer o bem que nós gostaríamos de ter feito. Vamos mais uma vez pedir perdão dos nossos pecados.

Todos respondam: Senhor, tende piedade de nós.

Dirigente – Por não termos amado bastante a Deus e por termos sido negligentes nos nossos deveres religiosos, perdoai-nos, Senhor.

Todos – Senhor, tende piedade de nós.

Dirigente – Pela falta de amor para com a nossa família, para com os pais e irmãos (filhos), perdoai-nos, Senhor.

Todos – Senhor, tende piedade de nós.

Dirigente – Pelos ódios e intrigas que tivemos, e que não queremos mais, perdoai-nos, Senhor.

Todos – Senhor, tende piedade de nós.

Dirigente – Porque não suportamos com bastante paciência as pessoas de casa, perdoai-nos, Senhor.

Todos – Senhor, tende piedade de nós.

Dirigente – Porque nos queixamos, muitas vezes, de nossa sorte, perdoai-nos, Senhor.

Todos – Senhor, tende piedade de nós.

Dirigente – (para pessoas casadas) Pela falta de amor para com a esposa (o esposo), perdoai-nos, Senhor.

Todos – Senhor, tende piedade de nós.

Dirigente – Por termos falado mal da vida alheia, perdoai-nos, Senhor.

Todos – Senhor, tende piedade de nós.

Dirigente – Por nossas impaciências, nossas palavras pesadas, pela preguiça e moleza, perdoai-nos, Senhor.

Todos – Senhor, tende piedade de nós.

Dirigente – Por todos os pecados que fizemos contra Deus e o próximo, perdoai-nos, Senhor.

Todos – Senhor, tende piedade de nós.

Dirigente – Senhor, olhai para a sinceridade do nosso coração. Apesar de nossas malícias e fraquezas, confiamos na vossa misericórdia, e esperamos o vosso perdão, ó

Pai, o vosso Filho Jesus Cristo tanto nos amou que morreu por nós na cruz. Como Ele ressuscitou dentre os mortos, esperamos, também nós, a salvação para a eternidade.

Todos – Amém.

Dirigente – Senhor, o perdão que nos concedeis nos faz lembrar o batismo. Apenas dávamos entrada neste mundo e já nos acolhestes em nossa graça e misericórdia. Queremos renovar diante de vós a fé que nos acompanhou na vida.

Todos – Creio em Deus Pai todo-poderoso, / criador do céu e da terra; / e em Jesus Cristo, seu único Filho, nosso Senhor, / que foi concebido pelo poder do Espírito Santo; / nasceu da Virgem Maria; / padeceu sob Pôncio Pilatos, / foi crucificado, morto e sepultado; / desceu à mansão dos mortos; / ressuscitou ao terceiro dia; / subiu aos céus; / está sentado à direita de Deus Pai todo-poderoso, / de onde há de vir a julgar os vivos e os mortos. / Creio no Espírito Santo; / na Santa Igreja Católica; / na comunhão dos santos; / na remissão dos pecados; / na ressurreição da carne; / na vida eterna. Amém.

Dirigente – O batismo nos fez filhos de Deus e Jesus nos ensinou a chamar a Deus de Pai. Vamos pois rezar:

Todos – Pai nosso, que estais nos céus, / santificado seja o vosso nome, / venha a nós o vosso reino, / seja feita a vossa vontade, / assim na terra como no céu; / o pão nosso de cada dia nos dai hoje, / perdoai-nos as nossas ofensas / assim como nós perdoamos a quem nos tem ofendido, / e não nos deixeis cair em tentação, / mas livrai-nos do mal.

Dirigente – Ó Pai, livrai-nos de todos os males e dai-nos hoje a vossa paz.

Todos – Amém.

Dirigente – Queremos saudar a Maria, a Mãe de Jesus, que é também a nossa mãe.

Todos – Ave Maria, cheia de graça, o Senhor é convosco, / bendita sois vós entre as mulheres, / e bendito é o fruto do vosso ventre, Jesus. / Santa Maria, Mãe de Deus, / rogai por nós, pecadores, / agora e na hora da nossa morte. Amém.

Dirigente – Ó Pai do céu, confio às vossas mãos e à vossa misericórdia o meu espírito. Eu vos agradeço pela fé que recebi no batismo. Recomendo aos vossos cuidados a minha família...

Senhor Jesus Cristo, dissestes: "Eu vos deixo a minha paz, eu vos dou a minha paz". Não olheis para os nossos pecados, mas para a fé de todos nós, e concedei-nos agora a vossa paz.

Todos – Amém.

(Feita esta oração, se a agonia se prolongar sem previsão possível, não é necessário multiplicar as orações: o clima de serenidade, a atenção e solicitude redobradas prolongarão ao máximo o que pelas palavras se tentou formular anteriormente).

CELEBRAÇÃO CRISTÃ DA "SENTINELA" OU "VELÓRIO"

Orientações Gerais: A "sentinela" ou o "velório cristão" será a *oração* que a comunidade presente fará pelo descanso na paz daquele que o precedeu no sinal da fé. Para aqueles que foram atingidos mais intimamente pelo acontecimento da morte, a simples presença de pessoas amigas já constitui um conforto humano muito grande. No entanto, como cristãos, sentimos que importa ir além da simples presença, concorrendo para que aqueles momentos se impregnem de atmosfera cristã sincera. O momento muito se presta igualmente para aprofundar todas as atitudes sinceras de condolências e compaixão: é a caridade cristã que se faz visível na oração comum. O texto abaixo poderá ser conduzido por qualquer pessoa. Seria interessante se um dos familiares mesmo convidasse os presentes para orarem juntos. O sacerdote, ou outro ministro, poderá aproveitar também a ocasião de sua visita para uma tal oração. Além disso, esta poderá ser repetida de vez em quando, na medida em que se vai renovando a comunidade presente.

I. CELEBRAÇÃO DA "SENTINELA" OU "VELÓRIO"

Algum membro da família ou o próprio dirigente faz o convite a todos:

Comentarista – Gostaria de agradecer, em nome da família de N., o conforto que trouxeram (a todos nós), neste momento de provação, todos os amigos, conhecidos, parentes e vizinhos de N., que estão aqui presentes. Em nome da família, também convido a todos para fazermos juntos uma oração pelo seu descanso eterno.

Dirigente – Em nome do Pai e do Filho e do Espírito Santo.

Todos – Amém.

Dirigente – "Bendito seja o Deus e Pai de Nosso Senhor Jesus Cristo, o Pai das misericórdias e o Deus de toda consolação. Ele nos conforta em todas as tribulações, para que, pela consolação com que nós mesmos somos consolados por Deus, possamos consolar os que estão em qualquer angústia" (2Cor 1,3-5). Palavra do Senhor.

Todos – Graças a Deus.

Dirigente – Esta consolação só nos é possível porque cremos. Temos uma fé comum que nos une a nós vivos, e nos une também aos irmãos falecidos: a mesma fé que N. também professava. Vamos reafirmar mais uma vez nossa fé.

Todos – Creio em Deus Pai todo-poderoso, / criador do céu e da terra; / e em Jesus Cristo, seu único Filho, nosso Senhor, / que foi concebido pelo poder do Espírito Santo; – nasceu da Virgem Maria; / padeceu sob Pôncio Pilatos, / foi crucificado, morto e sepultado; / desceu à mansão dos mortos; / ressuscitou ao terceiro dia; / subiu aos céus; / está sentado à direita de Deus Pai todo-poderoso, / de onde há de vir a julgar os vivos e os mortos. / Creio no Espírito Santo; / na Santa Igreja Católica; / na comunhão dos santos; / na remissão dos pecados; / na ressurreição da carne; / na vida eterna. Amém.

Comentarista – Esta fé é também esperança. Esperança que é confiança sem limites na ressurreição, porque o Espírito Santo, que vive em nós, no-la garante. É São Paulo que nos fala (1Cor 15,12b-22): "Como dizem alguns de vós que não há ressurreição de mortos? Se não houver ressurreição de mortos, nem Cristo ressuscitou. Se Cristo não ressuscitou, é vã a nossa pregação e também é vã a nossa fé. Além disso, seríamos falsas testemunhas de Deus, porque, em contradição com Ele, testemunhamos que Ele ressuscitou a Cristo, ao qual não ressuscitou (se os mortos não ressuscitam). Pois, se os mortos não ressuscitam, também Cristo não ressuscitou. E se Cristo não ressuscitou, é vã a vossa fé, e ainda estais em vossos pecados. Também estão perdidos os que morreram em Cristo. Se for só para esta vida que temos colocado a nossa esperança em Cristo, somos, de todos os homens, os mais dignos de lástima. Mas eis que Cristo ressuscitou dentre os mortos; primícias dos que morreram. Porque por um homem veio a morte e é por um homem que vem a ressurreição dos mortos. Como em Adão todos morrem, assim também em Cristo todos reviverão". Palavra do Senhor.

Todos – Graças a Deus.

(Depois desta leitura, caso alguém sinta inspiração, é um momento para uma palavrinha. Palavrinha que seja uma ressonância da fé que a própria leitura professa. Não se trata de "elogios fúnebres" cujo tempo passou... O *comentário* há de confirmar a fé dos presentes).

Comentarista – (Logo após a leitura ou comentário): Com Maria Santíssima, que já goza no céu a glorificação do corpo, a qual também nos é prometida, rezemos *um mistério do terço.* Pai-nosso... 10 Ave-Marias... Glória-ao-Pai...

Dirigente – Confiemos agora nosso irmão(irmã) ao Pai, que está no céu, a Jesus Cristo vivo, que ressuscitou dentre os mortos, a Maria Santíssima, também presente no céu com corpo e alma; e renovemos a nossa fé de verdadeiros cristãos. Respondamos juntos: "Cremos, Senhor, mas aumentai a nossa fé".

Comentarista – Jesus disse: "Como o Pai ressuscita os mortos e lhes dá vida, assim também o Filho dá vida a quem ele quer" (Jo 5,21). Senhor, dai-nos fé na vossa Palavra.

Todos – Cremos, Senhor, mas aumentai a nossa fé.

Comentarista – Jesus disse: "Quem ouve a minha palavra e crê naquele que me enviou tem a vida eterna e não incorre na condenação, mas passou da morte para a vida" (Jo 5,24). Senhor, dai-nos fé na vossa Palavra.

Todos – Cremos, Senhor, mas aumentai a nossa fé.

Comentarista – Jesus disse: "Em verdade, em verdade vos digo, vem a hora, e já está aí, em que os mortos ouvirão a voz do Filho de Deus; e os que a ouvirem viverão" (Jo 5,25). Senhor, dai-nos fé na vossa Palavra.

Todos – Cremos, Senhor, mas aumentai a nossa fé.

Comentarista – Jesus disse: "Virá a hora em que todos os que se acham nos sepulcros sairão deles ao som da voz do Filho de Deus; e os que praticaram o bem irão para a ressurreição da vida, e aqueles que praticaram o mal ressuscitarão para serem condenados" (Jo 5,28-29). Senhor, dai-nos fé na vossa Palavra.

Todos – Cremos, Senhor, mas aumentai a nossa fé.

Comentarista – Jesus disse: "Eu sou a ressurreição e a vida. Aquele que crê em mim, ainda que esteja morto, viverá" (Jo 11,25). Senhor, dai-nos fé na vossa Palavra.

Todos – Cremos, Senhor, mas aumentai a nossa fé.

Comentarista – Jesus disse: "Todo aquele que vive e crê em mim jamais morrerá" (Jo 11,26). Senhor, dai-nos fé na vossa Palavra.

Todos – Cremos, Senhor, mas aumentai a nossa fé.

Dirigente – Senhor, nós vos confiamos o nosso amigo(amiga) e irmão(irmã) N., que acaba de falecer, deixando o nosso convívio. Acolhei-o(a) na mansão da paz e da misericórdia. Venham-lhe ao encontro Maria, nossa mãe, os anjos e santos e todos os irmãos nossos que já gozam daquela paz que não conhece ocaso. E já que a vida de nosso irmão(irmã) não lhe foi tirada, mas transformada, concedei-lhe o lugar de luz, felicidade e de paz. Vós, que sois Deus, com o Pai, na unidade do Espírito Santo.

Todos – Amém.

Dirigente – Dai-lhe, Senhor, o repouso eterno.

Todos – E brilhe para ele(ela) a vossa luz.

Dirigente – Que todos aqueles que buscam o Senhor com coração sincero, e que morreram na esperança da Ressurreição, em especial o nosso caro amigo N., pela misericórdia de Deus descansem em paz.

Todos – Amém.

Dirigente – E a todos nós aqui presentes, Deus dê a sua paz.

Todos – Amém.

O dirigente, conhecendo a comunidade que acedeu em orar conjuntamente pelo amigo falecido, poderá julgar da oportunidade ou não de intercalar, nesta oração proposta, alguns cânticos. Algumas sugestões: Salmo 129, 22, "Santa Mãe de Deus", etc.

II. CELEBRAÇÃO DA "SENTINELA" OU "VELÓRIO" (OUTRA FÓRMULA)

Comentarista – Estamos aqui para nos confortarmos mutuamente, diante da morte de nosso amigo(amiga) N., e queremos, de modo particular, apresentar à família de N. as nossas mais profundas condolências pela dor profunda que enche os seus corações. Mas como cristãos que somos, façamos juntos também a nossa oração pelo descanso eterno de N.

Dirigente – Em nome do Pai e do Filho e do Espírito Santo.

Todos – Amém.

Dirigente – "Louvado seja Deus, Pai de Nosso Senhor Jesus Cristo! Em sua imensa misericórdia nos fez renascer, pela ressurreição de Jesus Cristo dentre os mortos, para uma esperança viva, para uma herança incorruptível, sem mancha, duradoura, reservada a nós nos céus" (1Pd 1,3-5). Palavra do Senhor.

Todos – Graças a Deus.

Comentarista – Esta fé é também esperança. Esperança que é confiança sem limites na Ressurreição de Cristo, que nos precedeu, ressuscitando dentre os mortos, e na nossa ressurreição, unidos a Cristo. Ouçamos como o evangelista São Lucas conta o fato da ressurreição de Cristo (Lc 24,1-8):

Dirigente – "No primeiro dia da semana, muito cedo, algumas mulheres dirigiram-se ao sepulcro de Jesus com os aromas que haviam preparado. Acharam a pedra removida, longe da abertura do sepulcro. Entraram, mas não encontraram o corpo de Jesus. Não sabiam elas o que pensar, quando apareceram em frente delas dois personagens com vestes resplandecentes. Como estivessem amedrontadas e voltassem o rosto para o chão, disseram-lhes eles: 'Por que buscais entre os mortos aquele que está vivo? Não está aqui, mas ressuscitou. Lembrai-vos de como ele nos disse, quando estava na Galileia: O Filho do Homem deve ser entregue nas mãos dos poderosos e crucificado, mas ressuscitará ao terceiro dia'. Então elas se lembraram das palavras de Jesus".

(Comentário como na primeira celebração à p. 33).

(Mistério do terço como na primeira celebração à p. 34).

Dirigente – Juntemos agora nossas intenções na oração comum por nosso amigo N., por todos os falecidos fiéis de Jesus Cristo, como ainda por todos aqueles que nesta vida buscaram a Deus na sinceridade do coração. Respondamos a cada invocação: "Senhor, escutai a nossa prece!"

Comentarista – Para que Deus seja misericordioso para com todos os fiéis que faleceram na esperança da Ressurreição, rezemos ao Senhor.

Todos – Senhor, escutai a nossa prece.

Comentarista – Por todos os falecidos que, nesta vida, amaram a Deus sem o ter visto e o procuraram sem jamais ter conhecido o seu nome, a fim de que agora o vejam e amem face a face, rezemos ao Senhor.

Todos – Senhor, escutai a nossa prece.

Comentarista – Por todos os que foram brutalmente colhidos pela morte, por todos os acidentados, a fim de que em sua morte, participando da morte e ressurreição de Cristo, tenham desabrochado para o mistério da vida, rezemos ao Senhor.

Todos – Senhor, escutai a nossa prece.

Comentarista – Pelos que morreram vítimas de injustiças legais, de guerras ou fome, a fim de que o seu sacrifício faça a humanidade inteira crescer para a verdadeira fraternidade, rezemos ao Senhor.

Todos – Senhor, escutai a nossa prece.

Comentarista – Por nosso irmão(irmã) N. hoje falecido(a), a fim de que seu encontro definitivo com Cristo seja a coroa de todas as suas procuras de fé, esperança e caridade entre nós, rezemos ao Senhor.

Todos – Senhor, escutai a nossa prece.

Comentarista – Por todos nós aqui presentes e por toda a humanidade, que um dia há de morrer, a fim de que nossa morte seja o desabrochar de uma fé sincera e de uma esperança sem limites na Ressurreição, rezemos ao Senhor.

Todos – Senhor, escutai a nossa prece.

Dirigente – Ó Deus, que pela morte e Ressurreição de vosso Filho Jesus Cristo nos desvendastes todo o enigma da morte, acalmastes nossa angústia e fizestes florescer a semente da eternidade que vós mesmo em nós plantastes, concedei ao vosso filho, nosso irmão(irmã) N., a paz na vossa presença definitiva; enxugai as lágrimas de nossos olhos e dai-nos a todos a alegria da esperança na ressurreição prometida. Isto vos pedimos pelo mesmo Jesus Cristo, Vosso Filho, na unidade do Espírito Santo.

Todos – Amém.

Dirigente – Que todos aqueles que buscaram ao Senhor com coração sincero, e que morreram na esperança da Ressurreição, em especial o nosso caro amigo N., pela misericórdia de Deus descansem em paz.

Todos – Amém.

Dirigente – E a todos nós aqui presentes, Deus dê a sua paz.

Todos – Amém.

Outras Celebrações da "sentinela" ou "velório" podem seguir a mesma ordem, entretanto as leituras da p. 38 podem ser também as seguintes: Jo 11,17-27. Diálogo entre Jesus e Marta. Cristo é a garantia da Ressurreição e da Vida Eterna (2Cor 5,1.6-10). Todo cristão crê na vida eterna, que constitui nossa esperança e, futuramente, nossa verdadeira felicidade. Durante a vida devemos viver de acordo com esta fé (1Cor 15,51-58). Cremos na ressurreição da carne, do nosso corpo, que se dará no Último Juízo. O nosso corpo ressuscitado se revestirá de imortalidade, à semelhança do corpo ressuscitado de Cristo.

Última encomendação ou despedida (em casa ou na Igreja)

Orientações Gerais: A "última encomendação e despedida" do corpo constitui um testemunho vivo da crença na ressurreição da carne. Ao mesmo tempo, é como que o "Adeus", ou melhor, o "Até logo" que o círculo de familiares, amigos e irmãos na fé, dirige ao irmão morto, que parte: é um aceno cheio de fé e esperança àquele que, na procissão da humanidade mortal, caminha à nossa frente pela experiência da morte. Como Igreja, nós o confiamos aos que com Deus já gozam das bem-aventuranças prometidas, na certeza de que um corpo imperecível será um dia o seu galardão.

A cerimônia poderá ser conduzida pelo ministro da Igreja, ou, na sua falta, por qualquer cristão presente. Convém que se use a água benta. Caso seja impossível obtê-la, pode-se passar sem ela.

Como proceder: (Chegada a hora do enterro, o sacerdote (ou dirigente), de pé ao lado do caixão e voltado para o povo, acompanhado do ajudante com a água benta, diz estas palavras:)

(INTRODUÇÃO)

Comentarista – Irmãos, todos nós aqui presentes estamos convidados para prestarmos a nossa última homenagem ao nosso caro amigo(a) N. que foi chamado(a) por Deus, pela morte. Que este momento seja propício para, com toda a nossa esperança cristã, elevarmos nossas preces em favor do nosso irmão(irmã) falecido(a) e também refletirmos sobre a nossa própria vida, em relação a Deus e aos irmãos. *(Pausa)*

Dirigente – Em nome do Pai e do Filho e do Espírito Santo.

Todos – Amém.

Comentarista – Todos unidos, procuremos, com fé e confiança, rezar a oração que o próprio Cristo nos ensinou.

Todos – Pai nosso... (poderá ser cantado)

Comentarista – Rezemos também a Nossa Senhora, para que nos ajude especialmente na hora da nossa morte.

Dirigente – Ave Maria... (10 vezes).

Todos – Santa Maria...

Comentarista – Irmãos, vamos agora nos despedir de nosso amigo(a) N. Que esta última despedida manifeste o nosso amor, console a nossa tristeza e confirme a nossa esperança. Pois esperamos de novo este irmão(irmã), na alegria do céu, quando o amor de Cristo, que tudo vence, triunfar, totalmente, da morte.

Dirigente – Senhor, nosso Deus, recebei a alma deste nosso irmão(irmã) N. pela qual derramastes vosso sangue.

Todos – Lembrai-vos, Senhor, de que somos pó / e perecemos como a flor do campo.

Dirigente – Tremo pelos meus pecados e me envergonho diante de vossa face.

Todos – Lembrai-vos, Senhor, de que somos pó / e perecemos como a flor do campo.

Dirigente – Não me condeneis, Senhor, / quando vierdes para o julgamento.

Todos – Lembrai-vos, Senhor, de que somos pó / e perecemos como a flor do campo.

Dirigente – Nesse instante, vamos refletir sobre a mensagem de esperança que Cristo nos ensinou.

Comentarista – Meus Irmãos:

Não gostamos de pensar na morte, especialmente na nossa própria morte. No entanto, temos a certeza de que chegará o dia da nossa morte. Por que temos receio da morte?... Porque tira do nosso convívio pessoas muito queridas por nós!... Porque acaba com os nossos planos e sonhos!... A morte é dura e fria... Mas Cristo nos deu a mensagem da esperança. Nele brilhou para nós a esperança da feliz ressurreição. E aos que a certeza da morte entristece, a promessa da imortalidade consola. Aos que creem em Cristo e em Deus, é concedida pelo Espírito Santo, no momento do Batismo, uma Vida Nova. Essa Vida Nova é vida espiritual, por isso, é vida invisível, mas real, e que nunca morre, apesar da morte do nosso corpo. Quando, pela nossa Fé, acreditamos nessa vida espiritual, e, pelos nossos atos, vivemos de acordo com a vida de Cristo, acontece que, na morte, essa vida não nos é tirada, mas apenas transformada. Ouçamos agora a mensagem do Evangelho.

Dirigente – Leitura do Evangelho segundo João (Jo 5, 21-29).

Naquele tempo, disse Jesus: Como o Pai ressuscita os mortos e lhes dá vida, assim também o Filho dá vida a quem ele quer. (Assim também o Pai não julga ninguém, mas entregou todo o julgamento ao Filho; deste modo todos honrarão o Filho, bem como honram o Pai. Aquele que não honra o Filho não honra o Pai, que o enviou). Em verdade, em verdade vos digo, quem ouve a minha palavra e crê naquele que me enviou tem a vida eterna e não incorre na condenação, mas passou da morte para a vida.

Em verdade vos digo, vem a hora, e já está aí, em que os mortos ouvirão a voz do Filho de Deus, e os que a ouvirem viverão. Pois, como o Pai tem a vida em si mesmo, assim também deu ao Filho o ter a vida em si mesmo, e lhe conferiu o poder de julgar, porque é o Filho do homem. Não vos maravilheis disso, porque vem a hora em que todos os que se acham nos sepulcros sairão deles ao som de sua voz: e os que praticarem o bem irão para a ressurreição da vida, e aqueles que praticarem o mal ressuscitarão para serem condenados.

Palavra da Salvação.

Todos – Glória a Vós, Senhor.

Dirigente – Irmãos caríssimos, antes de levarmos o corpo de nosso irmão(irmã) e amigo(amiga) N. à sepultura, rezemos todos unidos as preces da Comunidade Cristã.

Comentarista – Pela alma de nosso amigo(amiga) N., para que Deus o liberte do poder das trevas e das penas do pecado, rezemos ao Senhor.

Todos – Senhor, escutai a nossa prece.

Dirigente – Para que Deus na sua misericórdia esqueça para sempre os seus pecados, rezemos ao Senhor.

Todos – Senhor, escutai a nossa prece.

Dirigente – Para que Deus o acolha na sua luz e lhe dê a sua paz, rezemos ao Senhor.

Todos – Senhor, escutai a nossa prece.

Dirigente – Para que Deus lhe conceda a felicidade na companhia de seus santos, rezemos ao Senhor.

Todos – Senhor, escutai a nossa prece.

Dirigente – Rezemos também por todos aqueles que sofrem pela ausência deste nosso irmão(irmã).

Para que todos sejam consolados em sua tristeza, rezemos ao Senhor.

Todos – Senhor, escutai a nossa prece.

Dirigente – Para que sua saudade seja amenizada pelo amor de Deus, rezemos ao Senhor.

Todos – Senhor, escutai a nossa prece.

Dirigente – Para que, através deste sofrimento, sua fé seja aumentada e confirmada a sua esperança, rezemos ao Senhor.

Todos – Senhor, escutai a nossa prece.

Dirigente – Oremos, enfim, por nós todos que peregrinamos nesta terra.

Para que possamos perseverar e progredir no serviço de Deus, rezemos ao Senhor.

Todos – Senhor, escutai a nossa prece.

Dirigente – Para que nossos corações busquem as coisas que são do alto, rezemos ao Senhor.

Todos – Senhor, escutai a nossa prece.

Dirigente – **(Oração final)**

(Ouvi, Senhor, as preces dos que creem na ressurreição de vosso Filho e aumentai a nossa esperança. Por Nosso Senhor Jesus Cristo, vosso Filho, na unidade do Espírito Santo).

Todos – Amém.

Comentarista – Para encerrar essa nossa celebração vamos rezar o Salmo 129.

Dirigente – Das profundezas, Senhor, clamo a ti: / escuta a minha voz! Atentos se façam teus ouvidos / ao clamor de minha prece.

Todos – Confia minh'alma no Senhor, / nele está minha esperança.

Dirigente – Se reténs os pecados, Senhor, / quem poderá subsistir? Mas em ti se encontra o perdão: / eu temo e espero.

Todos – Confia minh'alma no Senhor, / nele está minha esperança.

Dirigente – No Senhor ponho a minha esperança / **e** na sua palavra. Espera minh'alma o Senhor, / mais que o guarda pela aurora.

Todos – Confia minh'aima no Senhor, / nele está minha esperança.

Dirigente – No Senhor está toda a graça, / copiosa redenção. Ele vem resgatar Israel / de toda iniquidade.

(Terminado o Salmo, e antes da oração final, asperge-se o corpo com água benta).

Dirigente – **(Oração final)**

Oremos. Ó Pai de misericórdia, nós vos pedimos pelo nosso irmão(irmã) N. Acolhei-o com bondade, mostrando-lhe a grandeza da vossa clemência. Purificai-o das manchas que leva desta vida e, rompidos os laços da morte, mereça passar à vida eterna. Por Nosso Senhor Jesus Cristo, vosso Filho, na unidade do Espírito Santo.

Todos – Amém.

Dirigente – Dai-lhe, Senhor, o repouso eterno.

Todos – E brilhe para ele a vossa luz.

Dirigente – Louvado seja Nosso Senhor Jesus Cristo.

Todos – Para sempre seja louvado!

(Caso esteja aberto o caixão, ele será fechado neste momento e formar-se-á o cortejo para o cemitério).

(Por uma criança falecida)
Inclinai, ó Deus, os ouvidos de vossa misericórdia às súplicas que vos apresentamos. Concedei-nos participar um dia da vida eterna com esta criança N. que desde agora habita em vosso reino. Por Nosso Senhor Jesus Cristo, vosso Filho, na unidade do Espírito Santo.
R./ Amém.

(Por um jovem falecido)
Ó Deus, vós governais o tempo e a vida dos homens. Nós vos recomendamos vosso filho N. de quem choramos a morte prematura. Dai-lhe gozar perene juventude na alegria da vossa casa. Por Nosso Senhor Jesus Cristo...

R./ Amém.

(Por um falecido, apóstolo do Evangelho)
Ó Deus, imploramos a vossa misericórdia para com vosso filho N. Como trabalhou incansavelmente pelo vosso Evangelho, mereça entrar confiante em vosso Reino. Por Nosso Senhor Jesus Cristo...
R./ Amém.

(Por um falecido após longa enfermidade)
Ó Deus, concedestes a nosso irmão N. vos servir na dor e na doença. Como imitou a paciência do vosso Fi-

lho, consiga o prêmio da sua glória. Por Nosso Senhor Jesus Cristo...
R./ Amém.

(Por um falecido de morte repentina)
Ó Deus, ao chorarmos nosso Irmão N., mostrai-nos a força da vossa bondade. Fazei-nos crer que ele passou para o vosso convívio a fim de nos consolarmos da sua morte repentina. Por Nosso Senhor Jesus Cristo...
R./ Amém.

Dirigente – Dai-lhe, Senhor, o repouso eterno.

Todos – E brilhe para ele a vossa luz.

(Caso esteja aberto o caixão ele será fechado neste momento e forma-se, em seguida, o cortejo para o cemitério).

O ENTERRO

(Durante a procissão para o cemitério, rezar-se-á o Terço de Nossa Senhora. Se houver o costume de, nessa procissão, passar por uma *Igreja* ou *Capela,* pode-se rezar a *ÚLTIMA ENCOMENDAÇÃO E DESPEDIDA* (no caso de não haver rezado em casa) ou, então, pode-se rezar a seguinte oração:

Dirigente – Santos de Deus, vinde em seu auxílio; Anjos do Senhor, correi ao seu encontro!

Todos – Acolhei a sua alma, levando-a à presença do Altíssimo.

Dirigente – Cristo te chamou. Ele que te receba, e os Anjos te acompanhem ao seio de Abraão.

Todos – Acolhei a sua alma, levando-a à presença do Altíssimo.

Dirigente – Dai-lhe, Senhor, o repouso eterno e brilhe para ele a vossa luz.

Todos – Acolhei a sua alma, levando-a à presença do Altíssimo.

(Asperge-se o corpo com água benta).

JUNTO À SEPULTURA

(Antes que o corpo seja depositado na cova, o sacerdote ou dirigente dará a bênção à sepultura).

Dirigente – Vamos agora proceder à consagração da sepultura onde será depositado o corpo do nosso irmão(irmã) N.

Dirigente – Oremos:

Senhor Jesus Cristo, permanecendo três dias no sepulcro, santificastes os túmulos de vossos fiéis, para que, recebendo nossos corpos, fizessem crescer a esperança de nossa ressurreição. Que nosso amigo (ou amiga) N. descanse em paz neste sepulcro até que vós, Ressurreição e Vida, o ressusciteis para contemplar a luz eterna na visão da vossa face. Vós que sois Deus, com o Pai, na unidade do Espírito Santo.

Todos – Amém.

(O dirigente poderá aspergir a sepultura).

ÚLTIMA DESPEDIDA

(Mantendo-se o corpo ao lado da sepultura)

Comentarista – Irmãos: Antes de enterrarmos o nosso irmão(irmã) N., ouçamos mais uma vez a mensagem de esperança de Nosso Senhor Jesus Cristo.

Dirigente – Leitura do Evangelho de São João (Cap. 6,37-40).

Jesus disse ao povo que o escutava: "Todo aquele que o Pai me dá virá a mim; e o que vem a mim, não o lançarei fora. Porque desci do céu, não para fazer a minha vontade, mas a vontade daquele que me enviou. Ora, a vontade do Pai, que me enviou, é que eu não deixe perecer nenhum daqueles que me deu, mas que eu os ressuscite no último dia. Pois a vontade do meu Pai, que me enviou, é que todo homem que vê o Filho e nele acredita possua a vida eterna; e eu o ressuscitarei no último dia". Palavra da Salvação.

Todos – Glória a Vós, Senhor.

Dirigente – Irmãos caríssimos:

Como Deus todo-poderoso chamou para si o nosso irmão (ou irmã) N., entregamos seu corpo à terra de onde veio. Mas o Cristo que ressuscitou como primogênito dentre os mortos há de transformar nosso corpo à imagem de seu corpo glorificado. Recomendemos, pois, ao Senhor este nosso irmão para que Deus o receba na sua paz e lhe conceda a ressurreição do corpo no último dia.

Rezemos, portanto, pelo nosso irmão (ou irmã) N., ao Senhor Jesus Cristo, que é a Ressurreição e a Vida.

(Todos respondam a cada invocação com as palavras):

Nós vos pedimos, Senhor!

Dirigente – Vós, que chorastes sobre Lázaro, enxugai as nossas lágrimas.

Todos – Nós vos pedimos, Senhor!

Dirigente – Vós, que ressuscitastes os mortos, dai a vida eterna a este nosso irmão (ou irmã) N.

Todos – Nós vos pedimos, Senhor!

Dirigente – Vós que prometestes o paraíso ao bom ladrão arrependido, recebei no Céu este nosso irmão (ou irmã) N.

Todos – Nós vos pedimos, Senhor!

Dirigente – Acolhei entre os Santos este nosso irmão (ou irmã) N., purificado com a água do batismo (e assinalado pela sagrada unção).

Todos – Nós vos pedimos, Senhor!

Dirigente – Recebei à mesa do vosso Reino este nosso irmão (ou irmã) N. tantas vezes alimentado com o vosso Corpo e Sangue.

Todos – Nós vos pedimos, Senhor!

Dirigente – Fortalecei pela consolação da Fé e pela esperança da vida eterna a nós, entristecidos pela morte do nosso irmão (ou irmã) N.

Todos – Nós vos pedimos, Senhor!

(Pausa para orações pessoais)

Dirigente – Rezemos, todos confiantes, a oração que o próprio Cristo nos ensinou.

Todos – Pai nosso...

Dirigente – Oremos:

Ó Deus, vós sois doador da vida e restaurador dos corpos e atendeis às súplicas dos pecadores. Ouvi as preces que fazemos em nossa tristeza pela alma do vosso filho (ou filha) N. Concedei-lhe que, libertada pela morte, seja acolhida com os vossos santos na felicidade do Paraíso. Por Nosso Senhor Jesus Cristo, vosso Filho, na unidade do Espírito Santo.

Todos – Amém.

Dirigente – Dai-lhe, Senhor, o repouso eterno.

Todos – E brilhe para ele a vossa luz.

Dirigente – Louvado seja Nosso Senhor Jesus Cristo.

Todos – Para sempre seja louvado.

Dirigente – Enquanto se coloca o corpo de nosso irmão (ou irmã) N. na sepultura, expressemos nossa esperança cristã com um canto de fé e confiança. *A MINHA ALMA TEM SEDE* (nº 560)

Todos – *Refrão:*

A minh'alma tem sede de Deus /
Pelo Deus Vivo anseia com ardor.
Quando irei ao encontro de Deus
E verei tua face, Senhor?

1. A ovelha sedenta procura o riacho, / A minh'alma Suspira por Deus, onde o acho?

2. Pelas águas que correm suspira a ovelha, / Pelas fontes de Deus a minh'alma anseia.

3. Dor e lágrimas são meu constante alimento, / Onde está o teu Deus, dizem os maus, e aguento,

4. Por que estás abatida e confusa, ó minh'alma? / Deus é teu companheiro: espera e te acalma.

(Poder-se-á cantar outros hinos, como: "Com minha Mãe estarei", nº 715 – Livro *Cantos e Orações),* p. 69.
"Confia, minh'alma, no Senhor" (nº 612 b).

Nota: (A Celebração da visita à sepultura poderá substituir a Celebração do Enterro, p. 53).

Visita ao cemitério ou à sepultura

Explicações Gerais: A visita à sepultura, no 7º ou 30º dias, ou no aniversário de morte, é uma tradição antiga do nosso povo. Visitar o cemitério, especialmente no dia dois (02) de novembro ou em outros dias, é costume louvável que nasce da fé na vida eterna e alimenta nossa esperança de mortais que somos, destinados à imortalidade.
A seguinte celebração poderá ser aproveitada em qualquer visita à cova ou ao cemitério.

(INTRODUÇÃO)

Comentarista – Meus irmãos, este cemitério nos traz muitas recordações e saudades. De parentes, amigos e conhecidos que já foram chamados por Deus. Tudo aqui nos faz pensar: na morte deles e em nossa própria morte. Morte depois de doença demorada ou repentina, morte de crianças, de jovens e de velhos. Morte por acidente ou por assassínio. Muitos morreram como verdadeiros cristãos e nos deram exemplos de fé e de esperança. Outros foram mais fracos, mas não deixaram de buscar a Deus à sua maneira durante a vida. Mas todos nos lembram a nossa própria morte e a nossa ressurreição eterna.

Dirigente – Em nome do Pai e do Filho e do Espírito Santo.

Todos – Amém.

Dirigente – Cristo, que é a Ressurreição e a Vida, coloca-se hoje em nosso meio para enxugar nossas lágrimas e fortalecer nossa fé.

Comentarista – Vamos iniciar a nossa celebração com um canto de intercessão pelos nossos falecidos (cantado ou rezado).

(**CANTO** – "Dai-lhes, Senhor, o Repouso", nº 611 – *Cantos* e *Orações)*.

Dirigente – Em minha própria carne verei a Deus; / meu Salvador.

Todos – Dai-lhes, Senhor, o repouso eterno e brilhe para eles a vossa luz.

Dirigente – Eu mesmo o verei e não outro, / e o contemplarei com meus olhos.

Todos – Dai-lhes, Senhor, o repouso eterno e brilhe para eles a vossa luz.

Dirigente – Tenho esta esperança no meu coração; / eu mesmo o verei com meus próprios olhos.

Todos – Dai-lhes, Senhor, o repouso eterno e brilhe para eles a vossa luz.

Comentarista – Vamos proceder às Leituras do Novo Testamento (2Cor 5,1-10).

Tema – A morte nos leva ao encontro com Deus, na eterna Glória.

Leitor – Sabemos, com efeito, que, quando for destruída esta tenda em que vivemos na terra, temos no céu uma casa feita por Deus, uma habitação eterna, que não foi feita por mãos humanas. E assim, gememos nesta tenda, desejando ardentemente revestir sobre ela nossa habitação celeste, contanto que sejamos achados vestidos e não despidos. Isso porque enquanto estamos nesta tenda gememos oprimidos: desejamos não ser despojados, mas revestir-nos com uma veste nova por cima da outra, de modo que o que há de mortal em nós seja absorvido pela vida. Aquele que nos formou para este destino é Deus mesmo, que nos deu por penhor o seu Espírito.

Por isso estamos sempre cheios de confiança. Sabemos que todo o tempo que passamos no corpo é um exílio longe do Senhor. Andamos na fé e não na visão. Estamos, repito, cheios de confiança, preferindo ausentar-nos deste corpo, para ir habitar junto do Senhor. É também por isso que, vivos e mortos, nos esforçamos por agradar-lhe. Porque teremos de comparecer diante do tribunal de Cristo. Ali cada um receberá o que mereceu, conforme o bem ou o mal que tiver feito enquanto estava no corpo. Palavra do Senhor.

Todos – Graças a Deus.

Dirigente – Temos uma vida corporal que um dia irá desaparecer com a nossa morte. Dentro desta vida corporal, existe em nós uma outra vida, nascida pelo Espírito Santo, por ocasião do Batismo. Essa vida nova é como um novo ser, com todas as suas riquezas espirituais, e que jamais desaparecerá, nem mesmo com a morte do corpo. Trata-se de uma vida espiritual, mas real e verdadeira, da qual se desenvolve todo bem que seremos capazes de praticar. As virtudes são consequências da presença e atuação desta vida nova em nós. Pela nossa fé, temos bastante motivos para nos alegrarmos com a morte; pois ela proporciona nossa união permanente e visível com Deus na eterna glória, desde que tenhamos praticado boas obras.

– Já havia pensado nos benefícios que essa vida nova pode exercer dentro de mim? *(pausa)*

– Tenho procurado praticar sempre o bem e desprezar o mal? *(pausa)*

– Estou convencido de que todo bem que eu fizer tem sua origem nessa vida espiritual que vive em mim? *(pausa)*

Comentarista – Vamos fazer mais uma Leitura do Novo Testamento (2Tm 2,8-13).

Tema – Todos nós podemos ganhar a salvação por meio dos ensinamentos de Jesus Cristo.

Leitor – Filho bem amado, lembre-se de Jesus Cristo, que foi ressuscitado, e que era descendente de Davi, de acordo com a boa-nova que eu anuncio. E é porque eu a anuncio que sofro e até estou acorrentado como se fosse um criminoso. Mas a Palavra de Deus não está presa, e por isso eu suporto tudo por causa do povo escolhido de Deus. E faço isto para que possam ganhar a salvação que está em Jesus Cristo, junto com a glória eterna. Este é um ensino verdadeiro: "Se já morremos com Cristo, também viveremos com ele. Se continuarmos a suportar o sofrimento, também reinaremos com ele. Se nós o negarmos, Ele também nos negará. Se não formos fiéis, ele continua fiel, porque não pode ser falso a si mesmo". Palavra do Senhor.

Todos – Graças a Deus.

Dirigente – Jesus Cristo promete a salvação e a ressurreição para os que seguem os seus ensinamentos. Tenhamos fé e a coragem de assumir uma vida de amor semelhante à vida de Jesus, a fim de que sejamos dignos de vivermos com ele na sua Glória eterna.

(Dois minutos de silêncio para reflexões pessoais).

Comentarista – Cantemos agora um salmo de esperança (poderá ser cantado ou rezado).

Todos – Quem semeia entre lágrimas recolhe a cantar.

1. Quando o Senhor reconduziu nossos cativos, / parecíamos sonhar; nossa boca se encheu de sorrisos, / e nossos lábios de canções.

2. Entre os pagãos se dizia: / maravilhas fez com eles o Senhor!

O Senhor fez conosco maravilhas / exultemos de alegria.

3. Reconduze, Senhor, nossos destinos / como torrentes no deserto.

Com lágrimas lançaram as sementes / ceifarão com alegria.

4. Chorando, chorando sairão / espalhando as sementes / cantando voltarão / trazendo seus feixes.

5. Glória ao Pai, e ao Filho e ao Espírito Santo / desde agora e para sempre.

Ao Deus que é / que era e que vem pelos séculos. Amém.

Dirigente – Queremos nesse instante rezar de modo especial pelo nosso irmão(irmã) N. que faleceu (há 7 ou 30 dias, ou um ano), mas não devemos excluir nenhum dos falecidos dessa nossa oração. Rezemos com fé e confiança por todos eles.

Comentarista – Por todos os fiéis defuntos que morreram na esperança da Ressurreição, para que Deus lhes conceda a paz que vem do alto, rezemos ao Senhor.

Todos – Senhor, escutai a nossa prece.

Comentarista – Por todos aqueles que foram batizados e procuram a Deus na sinceridade do coração, para que vejam a Deus agora face a face, rezemos ao Senhor.

Todos – Senhor, escutai a nossa prece.

Comentarista – Pelos que pecaram muito em sua vida, mas se arrependeram na última hora, para que, pelos merecimentos de Cristo, Deus lhes conceda o perdão, rezemos ao Senhor.

Todos – Senhor, escutai a nossa prece.

Comentarista – Pelos que morreram sem conforto de uma pessoa amiga, pelos que morreram em acidentes, a fim de que, no momento de sua morte, tenham renascido para a vida eterna, rezemos ao Senhor.

Todos – Senhor, escutai a nossa prece.

Comentarista – Pelos que morreram assassinados, vítimas de ódios ou injustiças, a fim de que o seu sacrifício leve todos os homens a crescerem na verdadeira fraternidade e no perdão, rezemos ao Senhor.

Todos – Senhor, escutai a nossa prece.

Comentarista – Pela alma de nosso irmão(irmã) N., falecido (há 7, 30 dias ou 1 ano), para que Deus, na sua infinita misericórdia, apague para sempre os seus pecados, rezemos ao Senhor.

Todos – Senhor, escutai a nossa prece.

Comentarista – Para que Deus o(a) acolha na sua luz e o(a) estabeleça na sua paz, rezemos ao Senhor.

Todos – Senhor, escutai a nossa prece.

Comentarista – Para que Deus lhe conceda a felicidade na companhia dos seus santos, rezemos ao Senhor.

Todos – Senhor, escutai a nossa prece.

Comentarista – Pelos nossos parentes, amigos e benfeitores que partiram desta vida, para que sejam acolhidos na luz da eterna glória, rezemos ao Senhor.

Todos – Senhor, escutai a nossa prece.

Comentarista – Por todos nós aqui presentes e por todos os homens, a fim de que a morte de todos nós seja o final de uma vida santificada e o início de uma vida eterna feliz, rezemos ao Senhor.

Todos – Senhor, escutai a nossa prece.

Comentarista – Cada pessoa aqui presente procure em *silêncio* fazer a sua oração pessoal. *(Pausa, voz bem suave)*
Ora louvando a Deus Pai, que, na sua bondade infinita, nos presenteou com os seus favores, *(pausa)*
Ora agradecendo a Deus Pai pelos imensos benefícios concedidos durante a vida de nossos falecidos, *(pausa)*
Ora pedindo a Deus Pai o perdão pelas faltas cometidas e solicitando dele a nossa conversão pessoal. *(Pausa)*

Dirigente – Oremos:
Deus Eterno e todo-poderoso, Senhor dos vivos e dos mortos, tende compaixão de todos aqueles que antecipadamente reconheceis como vossos por sua fé e boas obras. Que todos aqueles por quem vos dirigimos estas preces, quer vivam neste mundo ou já tenham deixado esta vida, alcancem de vossa bondade, pela intercessão dos santos, o perdão dos seus pecados.

Por Nosso Senhor Jesus Cristo, vosso Filho, que convosco vive e reina na unidade do Espírito Santo.

Todos – Amém.

Dirigente – Vamos, nesse momento, rezar um mistério do terço, procurando prestar atenção a cada palavra que vamos pronunciar, especialmente quando nos dirigimos a Maria, nossa mãe, para que ela nos ajude a levar uma vida digna de uma boa morte. *Pai-nosso* (cantado ou rezado como também as *Ave-Marias).*

Dirigente *(Consagração das velas)* – Vamos agora proceder à consagração das velas e, em seguida, das flores.
– Ó Deus, fonte e origem de toda luz, nós vos pedimos humildemente: santificai estas velas com a vossa bênção.
Fazei que, colocando estas velas acesas sobre as sepulturas de nossos entes queridos, caminhemos sempre iluminados por vossa doutrina e pelo vosso exemplo, até que nos encontremos todos unidos juntos a Vós na luz eterna. Por Nosso Senhor Jesus Cristo, Vosso Filho, na unidade do Espírito Santo.

Todos – Amém.

Dirigente *(Consagração das flores)* – Consagremos também as flores que trouxemos para enfeitar a sepultura de nossos mortos.

Graças vos damos, ó Deus todo-poderoso, que vestistes a natureza com o belo manto das flores, encantando nossos olhares e alegrando a vida de vossos filhos!

Que estas flores colocadas sobre as sepulturas sejam sinal de nossas amizades e um aceno sincero de que cremos que Jesus é a Ressurreição e a vida.

(O dirigente, se possível, aspergirá as flores e as velas com água benta).

Dirigente – Que todos aqueles que buscaram ao Senhor com o coração sincero, e que morreram na esperança da Ressurreição, em especial o nosso caro amigo N., pela misericórdia de Deus descansem em paz.

Todos – Amém.

Dirigente – Dai-lhes, Senhor, o repouso eterno.

Todos – E brilhe para eles a vossa luz.

Comentarista – Para terminar essa nossa celebração, vamos cantar um hino à nossa Mãe do céu.

HINO 715 – *Com minha Mãe estarei.*

Todos – No céu, no céu, com minha Mãe estarei (bis).

1. Com minha Mãe estarei / na santa glória um dia, / ao lado de Maria / no céu triunfarei.

2. Com minha Mãe estarei / aos anjos me ajuntando / do Onipotente ao mando / hosanas lhe darei.

3. Com minha Mãe estarei / então coroa digna / de sua Mãe benigna / feliz receberei.

4. Com minha Mãe estarei / e sempre neste exílio, / de seu piedoso auxílio / com fé me valerei.

Dirigente – Louvado seja Nosso Senhor Jesus Cristo.

Todos – Para sempre seja louvado.

Comentarista – Agora todos farão a distribuição das velas e das flores sobre as sepulturas.

Nota – A celebração da sentinela ou "velório" também se presta para a celebração da visita à sepultura (p. 32 e 37).

EDITORA VOZES

Editorial

CATEQUÉTICO PASTORAL

Catequese – Pastoral
Ensino religioso

CULTURAL

Administração – Antropologia – Biografias
Comunicação – Dinâmicas e Jogos
Ecologia e Meio Ambiente – Educação e Pedagogia
Filosofia – História – Letras e Literatura
Obras de referência – Política – Psicologia
Saúde e Nutrição – Serviço Social e Trabalho
Sociologia

TEOLÓGICO ESPIRITUAL

Biografias – Devocionários – Espiritualidade e Mística
Espiritualidade Mariana – Franciscanismo
Autoconhecimento – Liturgia – Obras de referência
Sagrada Escritura e Livros Apócrifos – Teologia

REVISTAS

Concilium – Estudos Bíblicos
Grande Sinal
REB – SEDOC

VOZES NOBILIS

Uma linha editorial especial, com importantes autores, alto valor agregado e qualidade superior.

PRODUTOS SAZONAIS

Folhinha do Sagrado Coração de Jesus
Calendário de Mesa do Sagrado Coração de Jesus
Agenda do Sagrado Coração de Jesus
Almanaque Santo Antônio – Agendinha
Diário Vozes – Meditações para o dia a dia
Encontro diário com Deus – Dia a dia com Deus
Guia Litúrgico

VOZES DE BOLSO

Obras clássicas de Ciências Humanas em formato de bolso.

CADASTRE-SE
www.vozes.com.br

EDITORA VOZES LTDA.
Rua Frei Luís, 100 – Centro – Cep 25689-900 – Petrópolis, RJ
Tel.: (24) 2233-9000 – Fax: (24) 2231-4676 – E-mail: vendas@vozes.com.br

UNIDADES NO BRASIL: Belo Horizonte, MG – Brasília, DF – Campinas, SP – Cuiabá, MT
Curitiba, PR – Florianópolis, SC – Fortaleza, CE – Goiânia, GO – Juiz de Fora, MG
Manaus, AM – Petrópolis, RJ – Porto Alegre, RS – Recife, PE – Rio de Janeiro, RJ
Salvador, BA – São Paulo, SP